LE TRIOMPHE DÉFINITIF
EN INDOCHINE
DU
MODE DE TRANSCRIPTION DE LA LANGUE ANNAMITE
A L'AIDE DES CARACTÈRES ROMAINS OU
« *Quôc ngû'* »

CONFÉRENCE

Faite le 6 juillet 1912, à la Mairie du VIe arrondissement de Paris sous les auspices de l'Association philotechnique de Paris

PAR

le capitaine **Jules ROUX**, de l'artillerie coloniale
Docteur en droit
Membre de la Société Asiatique de Paris
Professeur de Langue annamite à l'Association Philotechnique de Paris

Avec une Lettre-Préface

DE

Monsieur H. de LAMOTHE
Gouverneur des Colonies en retraite

THOUARS (DEUX-SÈVRES)
IMPRIMERIE NOUVELLE

Bibliothèque de la *Revue Indigène*. M. PAUL BOURDARIE, directeur
16 *bis*, rue Mayet, PARIS
Prix : 1 franc

Paris, 13 juillet 1912.

Mon cher Capitaine,

Vous me demandez quelques mots de commentaires, en manière de préface, pour figurer en tête de la reproduction imprimée de votre conférence du 6 juillet courant.

J'assistais à cette conférence, et j'y ai pris grand plaisir. D'un sujet un peu aride en soi, — les progrès de la transcription de l'annamite au moyen de l'alphabet romain — vous avez su tirer des aperçus aussi variés que suggestifs. Il est bon, il est utile que le public soit mis à même d'en profiter au même titre que vos auditeurs. Si mon commentaire est un peu plus long que nous l'aurions désiré, vous et moi, c'est la complexité et même l'intérêt des questions soulevées qui en sont la cause.

C'est une dispute relativement ancienne que cette discussion, en apparence purement philologique, qui, depuis l'occupation de la Cochinchine, a mis aux prises tant d'hommes de savoir et de bonne volonté : du côté européen, Dumoutier contre Aymonier, le lieutenant-colonel Bernard, israélite, le P. Cadière, missionnaire catholique, et Ajalbert, littérateur agnostique aussi brillant qu'avisé, contre d'anciens gouverneurs tels que MM. de Lanessan et Rodier, ou des universitaires comme MM. Maurice Courant et Pirion ; du côté indigène, les jeunes progressistes annamites de Cochinchine, à qui Phan-Châu-Trinh apporte aujourd'hui le renfort de son incontestable autorité, contre les vieux lettrés ultra-traditionalistes de l'Annam et du Tonkin. J'avoue bien franchement que quand je suis arrivé à Saïgon, il y a onze ans, en qualité de lieutenant-gouverneur de la Cochinchine, après une carrière coloniale poursuivie, jusqu'alors, en Afrique et en Amérique, c'était là une des questions sur lesquelles j'avais conscience de ne pouvoir encore me faire une opinion suffisamment motivée.

Appelé, trois mois à peine après mon entrée en fonctions, à exposer, dans une conférence officielle, un programme d'éducation indochinoise, j'esquivai l'écueil, en évitant prudemment toute allusion au quôc ngu et aux caractères chinois ; par contre, je fus très affirmatif sur le rôle que devait, selon moi, jouer dans l'enseignement primaire la langue maternelle des populations indigènes.

« Il est, disais-je alors, dans la série des connaissances humaines, certaines notions indispensables que tout gouvernement digne de ce nom est tenu de mettre à la portée des plus humbles sujets. Dans un pays où il existe un idiome déjà formé, et où les masses rurales n'entendent et sont destinées très probablement à n'entendre de très longtemps que cet idiome, ces notions doivent être données, dès le bas-âge, à l'enfant dans sa langue maternelle. Par conséquent l'enseignement dans cette langue (annamite ou cambodgienne suivant la nationalité de la population) doit rester, comme il l'est aujourd'hui, la base du programme scolaire dans les petites communes et dans les classes inférieures des écoles des villages plus importants. Dans les classes supérieures des écoles de village doit commencer l'enseignement des éléments du français, enseignement essentiellement pratique et dégagé de toute complication grammaticale. Les élèves qui montreraient de réelles dispositions à profiter de cet enseignement pourraient être admis, au bout d'un an ou deux, avec le consentement des parents, bien entendu, dans les écoles cantonales, où commencerait véritablement, pour eux, le cours d'instruction primaire entendu au sens français du mot ».

A cette déclaration, il n'est peut-être pas inutile d'ajouter quelques éclaircissements : je ne pense pas, et ne pensais pas davantage alors, que nous soyons venus en Indochine pour y concourir officiellement à l'établissement de la suprématie d'une race indigène au détriment des autres. Les Annamites y forment incontestablement la majorité numérique de la population ; mais ils n'y occupent, en réalité, qu'une infime portion du territoire : le quart à peine du Tonkin, et, tout au plus, le tiers de l'Annam proprement dit ; tandis qu'en Cochinchine — la plus récente pourtant de leurs conquêtes passées — ils se sont répandus, de façon à former la majorité effective dans chacune des vingt provinces. Jusqu'à ce jour, ils montrent peu de propension à sortir des deltas et plaines basses du littoral où les a cantonnés en groupements exceptionnellement denses leur horreur des « hauts lieux » couverts de forêts fiévreuses. L'eau claire des torrents de montagnes leur apparaît, elle-même, comme le véhicule de toutes les maladies endémiques.

Dans ces conditions, il est possible, vraisemblable même, que, grâce à la paix française, les races cambodgiennes et laotiennes, les tribus montagnardes d'origine ancienne ou récente, aujourd'hui disséminées sur de vastes étendues dont elles sont en droit de revendiquer la possession, à titre de « beati possidentes » sinon de premiers occupants, en arrivent à se développer plus rapidement que les descendants des Giao-Chi, atténuant ainsi la disproportion numérique qui les met, actuellement, en état d'infériorité, par rapport à ces derniers. Ces races conserveront donc leur particularisme, et, notamment, leurs idiomes ; mais la plupart de ces idiomes n'ayant pas atteint et ne paraissant pas devoir atteindre un développement littéraire suffisant pour être employés comme véhicules d'un enseignement même élémentaire, ce sera le français, même très sommairement enseigné, qui devra pourvoir aux premiers besoins d'instruction de ces « isolés » de la grande famille indochinoise. Ce sera également en français que se noueront les relations entre les élites des différents groupes ethniques vivant à l'abri de notre drapeau. C'est d'ailleurs le rôle que remplit déjà l'anglais dans les relations entre intellectuels des divers pays de l'Inde, et c'est en anglais que se discutent annuellement les motions les plus ardemment réformistes présentées au « National Congress ». Quant aux idiomes locaux, ils auront, dans les deux péninsules, l'avenir et la diffusion que leur vaudront l'accroissement numérique des populations qui les parlent et le mérite de leurs littérateurs passés, présents et futurs.

J'ai volontairement laissé de côté l'exemple des Philippines où, pour des raisons péremptoirement exposées dans des documents officiels, l'anglais a été proclamé et accepté comme langue unique d'enseignement pour toutes les écoles publique de l'archipel.

En ce qui concerne l'enseignement annamite proprement dit, après quatre ans et demi de séjour en Extrême-Orient, ma conviction était faite : J'étais devenu un chaleureux partisan du quôc ngu. *Dans un rapport de 1906, adressé à M. le Gouverneur général Beau, que quelques-uns de mes collègues et de ses chefs de service avaient momentanément rallié à la conception contraire, j'exprimais très nettement ma manière de voir :*

. . . . .« Tout au moins, disais-je, en Cochinchine, ontils (les Annamites) appris à écrire facilement leur propre langue et à correspondre entre eux, grâce à la simplification obtenue au moyen de la substitution d'une écriture phonétique aux anciens caractères idéographiques. Mais le quôc ngu, paraît-il, a cessé de plaire ; les caractères reviennent à la mode. Nous entendons dire de différents côtés et par des voix autorisées, qu'il faut nous apprêter à changer une fois de plus notre fusil d'épaule. S'il ne s'agit que de donner satisfaction à quelques sentiments respectables autant qu'archaïques qui, bien à tort suivant moi, ont identifié l'enseignement de la morale annamite avec l'étude de quelques caractères, pour ainsi dire symboliques, tirés des livres sacrés chinois, je veux bien y souscrire ; mais aller plus loin et reprendre en bloc les caractères comme base et instrument de l'enseignement primaire, m'apparaît comme le rebours du progrès. Il serait vraiment piquant qu'au moment même où, en France, on se préoccupe de réformer l'orthographe pour épargner aux enfants les quelques heures d'application que réclament d'eux la nécessité de se familiariser avec des difficultés d'ordre bien secondaire, on en revint, pour les écoliers annamites, au casse-tête vraiment chinois du déchiffrement des hiéroglyphes ».

Cette profession de foi sur laquelle je n'entends nullement revenir, suffit, je crois, pour expliquer mon adhésion à la plupart des idées exprimées au cours de votre substantielle conférence.

Quant aux résultats prochains de cet irrésistible élan qui porte l'élite de nos sujets et protégés d'Extrême-Orient à revendiquer de plus en plus énergiquement la diffusion de l'instruction sous toutes ses formes et l'accession aux emplois et aux droits civiques qui sont le corrolaire de cette diffusion, je les envisage, vous le savez, de la même façon que vous. *En 1833, à l'occasion du renouvellement du privilège de la fameuse compagnie des Indes, Macaulay prononça un discours aussi éloquent que sage ; les partisans incorrigibles du maintien indéfini des privilèges conférés par la conquête à une poignée de dirigeants de la race conquérante en font encore mention de temps en temps ; mais c'est pour en blâmer l'esprit sans d'ailleurs en avoir jamais lu le texte. Ce grand orateur démontrait qu'un gouvernement européen, simplement civilisé et libéral,* — ce qui s'applique à fortiori à un gouvernement fondé comme le nôtre sur des institutions démocratiques — *ne saurait refuser l'instruction à ses sujets d'outre-mer ; et l'instruction, une fois vulgarisée, il ne saurait en décliner les conséquences impliquant la participation de plus en plus effective des classes instruites à la gestion des intérêts matériels et moraux de leur pays natal. Pour mon compte, j'adhère absolument à cette doctrine, et, pour la mettre au point des faits nouveaux qui se sont produits au cours de ces dernières années, je proposerais volontiers la formule suivante :*

« Le moment précis où il devient dangereux de traiter en bloc un peuple conquis comme une race inférieure, c'est celui où, dans une élite même restreinte de ce peuple, s'est formée la conscience de l'humiliation que comporte cette prétendue infériorité et la ferme volonté de s'y soustraire. A partir de ce moment, deux voies s'ouvrent devant les dominateurs : ou bien s'incorporer cette élite en lui conférant des droits équivalents à ceux dont jouissent les conquérants eux-mêmes, ou la rejeter vers les masses plus ou moins consciemment opprimées dont elle exaltera les rancœurs en attendant qu'elle puisse se mettre ouvertement à leur tête pour les entraîner à la conquête de l'indépendance ».

Si les hommes d'Etat qui président aux destinées de notre empire colonial savent se décider, pendant qu'il en est temps encore, *à prendre résolument la première voie — la seule droite et vraiment indiquée par les meilleures traditions françaises — l'élite indigène, une fois incorporée au « pays légal », exercera sur ses congénères une influence à laquelle ne sauraient prétendre les ordres et les conseils venant de dirigeants étrangers. Son action amènera, graduellement, entre les divers occupants du sol, cette fusion des intérêts et des sentiments, d'où se dégage, avec le temps, la conscience d'une véritable solidarité nationale. Alors se dissiperont, sous réserve des imprévus de l'histoire, les appréhensions que l'expérience du passé nous oblige à concevoir, aujourd'hui encore, concernant l'avenir de la plupart de nos acquisitions d'outre-mer.*

H. de LAMOTHE,
Gouverneur des Colonies en retraite.

« Dans une démocratie saine et progressive, la loi ne doit point jaillir, toute prête, de la baguette parlementaire, comme un festin de conte de fées. L'idée, même la meilleure, avant de se réaliser, dans la législation positive, doit subir, dans l'opinion publique, une sorte de travail de gestation. *Il importe que les intéressés soient appelés à préparer l'œuvre et à rassembler les matériaux dont le législateur composera la loi.*

« En appliquant cette méthode, on éviterait, peut-être, certaines surprises, certaines incompréhensions dont notre législation sociale de ces dernières années a souffert. »

Aristide BRIAND (1).

LE TRIOMPHE DÉFINITIF
EN INDOCHINE
DU
MODE DE TRANSCRIPTION DE LA LANGUE ANNAMITE
A L'AIDE DES CARACTÈRES ROMAINS OU
« *Quôc ngû'* »

Mesdames,
Messieurs,

Trop de Français s'intéressent aujourd'hui aux choses de nos colonies, notre grande possession d'Extrême-Orient attire trop en ce moment les regards de nos compatriotes, pour qu'une étude comme celle-ci ne sollicite pas toute leur attention, malgré l'apparente aridité de son titre.

Pourquoi ? Mais, parce que l'évolution, qui se produit en Indochine, au point de vue de la fixation et de la transcription, en caractères romains, des mots de la langue de ce pays, n'est ni plus ni moins que formidable.

Cette évolution est susceptible d'avoir, pour notre Protectorat, des conséquences d'une portée insoupçonnée du vulgaire. N'est-il pas, dès lors, du devoir des Français, qui ont pu juger, sur place, de ces choses (outre les relations qu'ils continuent à entretenir avec la partie la plus éclairée de la

(1) Lettre-préface de M. Aristide Briand au sujet des *Actions de travail*, étude de M. Etienne Antonnelli, chargé de conférences à la Faculté de droit de Paris.

population de l'Annam et du Tonkin), n'est-il pas, dis-je, du devoir de ces Français de renseigner leurs compatriotes ?

Qui donc pourrait trouver inopportun ou superflu d'arrêter, un instant, sa pensée, sur le triomphe absolu et définitif d'un mode de transcription de la langue annamite susceptible de concourir au rapprochement de deux races, dans un pays qui a tellement besoin, pour atteindre à ses destinées, sous l'égide et la tutelle de la France, de la collaboration intime des Français et des Annamites les plus généreux et les plus avertis des besoins de l'Indochine ?

Mais d'abord, qu'est-ce que le Quôc ngu, sont en droit de se demander et m'ont même prié de leur expliquer quelques-uns de mes auditeurs ?

C'est l'écriture toute conventionnelle par laquelle les premiers missionnaires catholiques portugais, espagnols et français qui, il y a trois siècles, vinrent en Annam, cherchèrent à représenter, à l'aide des lettres de notre propre alphabet, et de quelques signes supplémentaires, les consonances annamites, en entendant les gens du pays nommer les choses qui les entouraient.

Instrument de vulgarisation merveilleux de la pensée occidentale, disais-je, à Hanoï, le 25 janvier 1909 (au cours d'une conférence que les Tonkinois n'ont probablement pas encore oubliée), puissant élément de pénétration d'un peuple, auquel nous sommes venus apporter nos méthodes de travail, nos sciences, nos arts, notre littérature, le quôc ngu est appelé, par la fixation qu'il permettra de la signification des mots de la langue annamite, à servir de véhicule à celles de nos idées occidentales susceptibles de concourir au développement de notre grande colonie indochinoise.

Un tel raisonnement implique-t-il, chez moi, la moindre hostilité à l'égard des caractères chinois ?

Pas le moins du monde. Ces caractères, toutefois, sont appelés à devenir au quôc ngu, dans 30 ou 40 ans d'ici, ce que le latin est, de nos jours, devenu au français.

Que les choses ont marché, déjà, d'ailleurs, dans ce domaine, depuis 1909 !

L'enseignement du quôc ngu s'est répandu, dans toute l'Indochine, avec une rapidité vertigineuse. Des ouvrages de vulgarisation de tous genres sont sortis, en quôc ngu, des presses indochinoises.

Les matières qui font l'objet de notre enseignement élémentaire ont été traduites en quôc ngu ; c'est maintenant le tour de tout ce qui concerne l'enseignement primaire supérieur et l'enseignement secondaire, en attendant le jour, tout proche, où l'élite des étudiants annamites, venus en France, pour y acquérir les connaissances occidentales, traduira, pour ceux qui sont restés en Indochine, nos ouvrages de droit, d'économie politique, de sciences naturelles, les plus beaux morceaux de notre littérature et nos meilleurs ouvrages scientifiques.

Des jeunes gens intelligents sont déjà ou vont être docteurs en droit ou en médecine, ingénieurs des arts et manufactures, ingénieurs électriciens ou ingénieurs agronomes ; deux sont officiers de notre armée nationale et l'un s'est déjà, en cette qualité, signalé au Maroc à l'attention de notre pays, par son audace, comme aviateur ; un autre est magistrat, au titre français, en Cochinchine.

A brasser toutes nos idées occidentales, un désir irrésistible pousse ces jeunes gens à traduire, dans leur propre langue, pour leurs compatriotes restés en Indochine, l'expression de ces idées.

Des correspondances s'échangent, au cours desquelles il faut bien, pour parler de choses nouvelles, employer des mots nouveaux...

Ces mots, c'est entendu, n'existent pas, en annamite vulgaire ; mais de nombreux Chinois et des Annamites lettrés habitent Paris, qui ont poussé très loin l'étude des caractères.

Idées et choses nouvelles sont représentées, par eux, en caractères chinois appropriés. Ces caractères chinois, en général doubles, ont, en annamite, une certaine prononciation, qui est exactement et rigoureusement transcrite en quôc ngu.

Ces mots nouveaux, en quôc ngu, que fixera l'usage, que fixera la traduction, en quôc ngu, des ouvrages dans lesquels ils sont employés, enrichiront, chaque jour, la langue annamite.

Autre conséquence : cette langue, ainsi écrite en caractères romains, tendra à devenir polysyllabique, de monosyllabique qu'elle est en général, du moins dans sa partie vulgaire, encore que les mots doubles — analogues, en quelque sorte, à nos mots composés français — existent, très nombreux, dans le langage relevé du doux parler du pays d'Annam. C'est ainsi que les mots : tu-do, liberté ; dông-bào, fraternité ; tu-lâp, indépendance ; bao hô, protectorat, composés de deux mots monosyllabiques, constituent, actuellement, avec quantité d'autres, de véritables mots bisyllabiques, dans lesquels l'évolution naturelle du quôc ngu finira par supprimer le trait d'union qui les relie encore, pour en faire des mots comme portemonnaie ou portefeuille.

Donc, le quôc ngu — et c'est là ce qui mérite d'être retenu

— envahit tout. Il est enseigné partout, dans notre grande possession d'Asie, alors que l'enseignement des caractères va sans cesse en diminuant.

Pour l'Indochine, par le quôc ngu, donnais-je pour titre, il y a trois ans, à une sommaire étude de la question que je traite avec plus d'ampleur aujourd'hui, sans qu'à aucun moment, mon enthousiasme pour ce mode de transcription de la langue annamite ait impliqué, chez moi, j'y reviens à dessein, la moindre hostilité à l'égard des caractères chinois, que je ne connais, pour ceux que j'ai appris — deux ou trois mille environ — que dans leur transcription phonétique annamite, en caractères romains.

C'est, toutefois, par le quôc ngu, ne cesserai-je de répéter, que le peuple d'Annam se rattache à la civilisation française, c'est par le quôc ngu que, de plus en plus, nous nous rapprocherons de ce peuple, c'est le quôc ngu qui favorisera l'acheminement de nos protégés vers le progrès industriel, en divulguant plus facilement, parmi eux, ce que la civilisation occidentale présente de meilleur, en propageant, de même, parmi nous, ce que la civilisation extrême orientale a de plus élevé.

Et je ne me sens pas la force, voyez-vous, de résister au plaisir que j'éprouve, de renforcer l'opinion que je viens de formuler, par celle qu'émettait, voici déjà trois ans, un officier des plus respectés et des plus aimés de notre armée coloniale.

Annamitisant de la première heure, M. le général de division Pennequin, qui commande, actuellement, les troupes du groupe de l'Indochine, écrivait, en effet, en 1909 : « *Que le quôc ngu était le véritable instrument pour faire pénétrer nos idées chez les Annamites.*

....« *Il est malheureux, ajoutait-il, qu'il ait été, non seulement négligé, mais même combattu pendant si longtemps* ».

« Un lettré cochinchinois, Pétrusky, que j'ai connu, nous avait, il y a déjà longtemps, indiqué la voie.

« Pétrus savait bien le français, le latin et même du grec.

« Il pensait que le quôc ngu cultivé par les Annamites et par nous aiderait la langue à évoluer, de façon à lui permettre d'exprimer toutes nos idées littéraires, scientifiques, philosophiques.

« Des mots doubles se seraient créés peu à peu, comme il s'en est créé déjà beaucoup, et peu à peu, la langue se serait enrichie de mots polysyllabiques, ce qui aurait forgé un instrument capable de faire pénétrer nos idées dans le pays.

« En tout cas, poursuit cet officier général, c'est faire œuvre utile que chercher à rapprocher les Annamites des Français ».

Ceux qui me font l'honneur de m'écouter veulent-ils, maintenant, la preuve que si j'ai réussi à leur faire partager les idées que je préconise, ils sont, avec moi, dans le chemin de la vérité ?

Qu'ils arrêtent leur attention sur les lignes suivantes, que vient de m'adresser, de Hanoï, à la date du mois de février dernier, M. Fernand Farjenel, chargé en Chine et en Indochine, par le ministre des Finances et le ministre des Colonies, d'une double mission dont nous lirons, j'en suis certain, avec le plus grand fruit, dans un an, le très intéressant compte rendu. J'ai compté, l'an dernier, cet éminent sinologue, qui est professeur au collège libre des Sciences sociales, au nombre des auditeurs du cours d'annamite que je professe à l'Association philotechnique de Paris.

M. Farjenel, qui se livre, depuis vingt ans, à l'étude des caractères chinois avec une ténacité et une ardeur peu communes, avait voulu se rendre compte du mécanisme du quôc ngu. Ce qu'il en dit, dans les passages que je vais lire de sa lettre, tire son importance du fait que sa particulière compétence, en matière de caractères chinois, aurait pu, comme à quelques autres, lui voiler l'importance sans cesse grandissante du quôc ngu, alors qu'il s'exprime comme il suit :

« Je suis à Hanoï depuis le 11 janvier dernier. Précé-
« demment, j'avais, de mon mieux, visité la Cochinchine et
« recueilli force notes, pour fixer dans ma mémoire les mul-
« tiples observations que, tous les jours, je fais..............

....

« En ce qui concerne l'enseignement du quôc ngu, vous
« avez, dès maintenant, partie gagnée, m'écrit-il.

« Dans toute la Cochinchine, l'enseignement des carac-
« tères n'existe plus, et comme les Annamites de ce pays
« sont, ainsi que les autres, d'ailleurs, très avides d'instruc-
« tion, c'est sur le quôc ngu qu'ils se jettent, pour l'acquérir.

« Au Tonkin, toute la génération nouvelle s'adonne, ou
« veut s'adonner, au quôc ngu, dont elle constate l'incompa-
« rable supériorité, au point de vue de sa facilité, sur les
« caractères ».

Et comme si ce n'était pas assez affirmer, ainsi, la hauteur de vues extrêmement rare, dont il fait preuve, en s'exprimant de cette façon, M. Fernand Farjenel, qui sait se dégager de l'esprit particulariste, a le courage et le haut bon sens d'ajouter, lui qui, pourtant, ne connaît que les caractères chinois : « *Seuls, les vieux lettrés regrettent le mode archaïque* « *d'écriture que constituent les caractères ; mais en tout pays*

« *il est des conservateurs bornés, pour qui toute nouveauté*
« *est un mal.*

« En Annam, où je serai en février, il en est, paraît-il, « de même.

« Aussi a-t-on fait des livres classiques élémentaires, en « quôc ngu, pour enseigner les connaissances scientifiques « occidentales. Je les rapporterai, ainsi que les livres de pre- « mier enseignement des caractères, ceux-ci très imparfaits « et bien inférieurs aux livres chinois, nouveau style, pour « les débutants.

« En somme, poursuit mon distingué correspondant, l'en- « seignement des caractères chinois me paraît appelé à de- « venir le privilège de quelques lettrés, qui joueront, en Indo- « chine, le rôle de nos latinistes et de nos hellenistes en « France.

« C'est ici, l'avis de beaucoup, et, notamment d'Anna- « mites éclairés. J'en ai consulté un grand nombre, et des « plus divers, comme tournure d'esprit, grâce à mon inter- « prète, qui est parfaitement compris par tous.

« Il y a, dans ce sens, un mouvement très marqué, qui « sera irrésistible. Les Annamites, enfin frappés de l'utilité, « pour eux, de posséder un instrument de lecture souple et « d'acquisition rapide, ont même une tendance à exagérer la « rapidité avec laquelle ils abandonnent les caractères.

« Dans les écoles d'enseignement franco-annamite, les « élèves n'en font plus, qu'à leur corps défendant.

« Vous voyez comme les choses vont vite. Cela tient, « aussi, au mouvement général des esprits, provoqués par les « succès du Japon, et par la révolution chinoise actuelle, dont « les effets se font, naturellement, sentir ici.

« Cette constatation résulte, pour moi, de mes nom- « breuses enquêtes en Cochinchine, et ici, avec les uns et « les autres. Hier encore, j'ai passé toute ma matinée à inter- « roger les élèves du cours supérieur de l'Ecole des Haû Bô, « dont plusieurs sont des licenciés et des bacheliers de l'an- « cien enseignement annamite et il en résultait la même « constatation.

« Les éducateurs français de ces jeunes gens s'en rendent « d'ailleurs, parfaitement compte.

« A cette même école, où l'on a organisé un cours spécial « pour les instituteurs annamites en exercice, on constate, « également, l'intérêt que prennent ces derniers à l'ensei- « gnement scientifique.

« Tout cela pose, vous le voyez, un problème délicat pour « demain.

« La tâche de M. Sarraut et de ses successeurs ne sera « guère facile.

« Le temps est passé où nous appliquions, avec insou« ciance de l'avenir, la maxime : *Voluntas principis suprema* « *lex*. Il va falloir manier ce peuple avec une souplesse d'au« tant plus habile que plus de fautes ont été accumulées « dans le passé.

« J'ai étudié avec le soin que j'aime à apporter dans mes « observations, l'état d'esprit des Européens et des Annamites, « les uns à l'égard des autres, et j'ai fait, vous vous en dou« tez, d'intéressantes remarques. Je vais continuer en Annam « cet attrayant travail et je rapporterai des trois parties de « l'Indochine, que j'aurai ainsi étudiées, une abondante do« cumentation, que je compte, après avoir élagué beaucoup, « présenter au public, en un livre, au moyen duquel il pourra « porter lui-même, son jugement, sur les problèmes impor« tants qui ne pourront manquer de se poser, d'ici peu, à « propos de notre colonie et de l'avenir de notre domination ».

......« Encore un mot, ajoute M. Farjenel : En visitant, « à Saïgon, une école chinoise, ancien système, j'ai été té« moin de l'émerveillement d'un instituteur chinois, à qui se « révélait le quôc ngu.

« Parlant l'annamite, comme presque tous ses com« patriotes, il était agréablement surpris de la facilité avec « laquelle il apprenait à lire : En quelques jours, sa mémoire « de Chinois lui avait permis de vaincre les difficultés ren« contrées.

« *Vous verrez que la Chine, elle-même, tôt ou tard, em*« *boîtera le pas* ».

⁂

L'administration française a bien fini, d'ailleurs, mesdames et messieurs, par se rendre compte, à son tour, en Indochine, du parti considérable qu'elle pouvait tirer de la pratique du quôc ngu, dont elle a imposé la connaissance à ses fonctionnaires indigènes.

Il importe, désormais, disait une circulaire du Résident supérieur au Tonkin, en 1910, que tous les textes destinés à la publicité : arrêtés, décisions, ordres, instructions, jugements, soient transcrits en quôc ngu. Et je souligne, moi : — Oh oui ! monsieur le Résident supérieur, les jugements surtout ! Veuillez m'en croire sur parole, sans que j'insiste autrement.

Il en sera de même, poursuit la circulaire, pour la correspondance habituelle, entre les mandarins et l'Administration française et, autant que possible, pour les communications faites par les mandarins à leurs administrés.

Et M. Simoni, qui, s'il n'a aucune connaissance de la langue annamite (encore qu'il ait été, à diverses reprises, président de la commission chargée de faire passer les examens du brevet élémentaire et même du brevet supérieur, pour cette langue), n'a pas moins le sentiment très net de la nécessité qu'il y a à imposer la pratique du quôc ngu aux indigènes, déclare que tous ceux d'entre eux qui, pressés par les nécessités de l'existence, n'ont pas le loisir d'apprendre les caractères, adopteront et emploieront, de plus en plus, le quôc ngu, à mesure qu'ils en sentiront mieux les avantages. Les résultats de ce mouvement, dit-il en terminant, seront aussi heureux pour les Annamites que favorables au développement de notre influence, car tout ce qui est de nature à faciliter les relations entre le peuple protégé et le peuple protecteur et à les faire mieux connaître l'un à l'autre, ne peut que présenter une double utilité.

C'était déjà là, du reste, le sentiment des Annamites et des Français éclairés de l'Indochine dès les premiers jours de 1909, et un mouvement dont cette circulaire n'était que le reflet, fit naître, à Hanoï, une association amicale franco-annamite dont j'écrivais, il y a environ un an, qu'elle était en train de mourir, mais que j'avais l'espoir de lui voir, bientôt, comme transfuser un sang nouveau, pour lui donner un regain de vie, par les Annamitisants de France, plus particulièrement ceux de Paris, grâce à la présence, dans cette ville, des nombreux Annamites qui y poursuivent leurs études.

Qu'il était beau, pourtant, l'idéal dont s'étaient inspirés les promoteurs de la création, à Hanoï, en 1909, *de l'Association amicale franco-annamite pour la divulgation et la diffusion du quôc ngu !* Œuvre excellente s'il en fut, cette association, qui portait le nom de Bac Vàn Hôi, était partie du principe que, pour avoir, les uns envers les autres, des sentiments d'estime et d'affection, il était indispensable de se connaître et de se fréquenter. Elle s'assignait pour but :

1° La mise en lumière des œuvres littéraires annamites, écrites en caractères — chu nho ou chu nôm — en les traduisant en quôc ngu et en français ;

2° La traduction, en quôc ngu, des productions de l'esprit français en matière de sciences, d'art, de droit, d'économie politique, de littérature, avec le désir de fixer, à l'aide des travaux communs ou particuliers de ses membres, la signification des termes du parler du pays d'Annam.

C'est, certes, là, une tâche de longue haleine, dont les

hommes de cette génération ne verront pas la fin, mais c'est ici, l'occasion de répéter, une fois de plus, que si chacun de nous ne pouvait, ici-bas, se reposer qu'à l'ombre des seuls arbres qu'il a plantés, nous aurions tous la certitude d'avoir à cheminer, toute notre vie, sous l'accablante ardeur des rayons du soleil.

N'est-il pas indispensable, d'autre part, que, quand des gens de race différente sont appelés à vivre dans le même pays, il se noue, entre eux, pour le plus grand bien de tous, des relations qui les rapprochent ?

Mais pour se rapprocher, puis se connaître, il faut s'entendre, se comprendre.

De là l'idée, dont se réclamaient les fondateurs de la Bac Vàn Hôi, de grouper, dans un sentiment d'étroite solidarité franco-annamite, un certain nombre d'Annamites et de Français, qui pourraient se comprendre mieux que d'autres, car tous ceux de nos compatriotes conviés à faire partie de cette association parlaient plus ou moins annamite, tandis qu'un certain nombre d'Annamites, parmi ceux dont l'adhésion était sollicitée, écrivaient et parlaient le français comme leur propre langue.

C'est dans cet esprit qu'il fut fait appel au concours de tous les Annamitisants du Tonkin, pour l'élaboration d'une œuvre qui venait à son heure, si même il n'y avait pas lieu de profondément regretter qu'elle n'existât pas, déjà, depuis longtemps.

Les avantages directs de l'Association dont nous venons de parler ressortent bien, semble-t-il, des lignes qui précédent. Il en est d'autres, toutefois, sur lesquels il paraît y avoir intérêt à arrêter un instant notre attention :

Exclusivement composée, en tant que membres actifs français, de personnes familiarisées avec la langue annamite, cette association, dont le nombre des adhérents français et indigènes pouvait facilement s'élever à trois ou quatre cents, aurait créé entre eux des relations qui, jusqu'à ce moment, et seulement pour quelques-uns, n'avaient guère été qu'isolées.

Ces relations, dont plusieurs se seraient forcément traduites par de solides sentiments d'estime, d'affection et de réciproque confiance, auraient permis aux membres indigènes de la Bac Vàn Hôi, de prendre contact et de se familiariser, chaque jour davantage, avec les idées de leurs collègues français, dans des rencontres et des invitations dépourvues de la raideur des réceptions officielles. Nos amis annamites se seraient ainsi rendus compte des véritables sentiments, à leur égard, d'un très grand nombre d'entre nous, outre l'avantage d'entrer, ainsi, en relations avec des fonctionnaires de tous rangs, des militaires de tous grades, des magistrats, des colons et des commerçants.

Réciproquement, ces mêmes relations auraient permis aux Français de mieux discerner les sentiments et les idées de leurs collègues annamites et de l'ensemble de la population indigène, puisque la Bac Vàn Hôi comptait, parmi ses membres, des représentants de toutes classes de la société annamite.

Il suffit, d'ailleurs, de transcrire l'article 1er des statuts de l'Association qui vit le jour, à Hanoï, en novembre 1909, pour se rendre compte de tout ce qu'il était permis d'en attendre, si ceux qui avaient assumé la très honorable tâche de travailler à son développement, n'avaient été conduits, pour des raisons diverses, sur lesquelles nous n'avons pas à insister ici, à la laisser péricliter.

« L'Association formée a pour but, disait l'article 1er :

« 1° De faire converger les efforts de ses membres vers la « fixation du sens, en quôc ngu, de certains termes de la lan- « gue annamite, sens que l'usage n'a pas encore déterminé « ou consacré ;

« 2° D'entreprendre la fixation, en ce qui concerne les « sciences et les arts, d'une terminologie adaptée aux besoins « plus particulièrement immédiats du pays ;

« 3° Et surtout, de nouer, ce faisant, entre les membres « de l'Association, des relations amicales de plus en plus sui- « vies, de plus en plus empreintes de réciproque confiance, en « raison des conditions exigées des Français, membres de « l'Association, au point de vue d'une connaissance suffi- « sante, de leur part, de la langue annamite ».

N'y avait-il vraiment pas là un programme capable de tenter tous les esprits généreux de notre chère Indochine ?

La création de cette Association fit, du reste, vibrer d'enthousiasme tout ce que Hanoï et même le Tonkin comptaient de purs lettrés indigènes et d'Annamites francisants.

Soupirant à ce moment, comme encore aujourd'hui, après la constitution d'une société de traduction des ouvrages français, société dont plusieurs d'entre eux avaient, en vain, cherché à prendre l'initiative, quelques années auparavant, ceux dont je viens de parler manifestèrent leur joie sans réserve, dans un grand nombre de lettres, en annamite et en français, que je garde précieusement.

Dans le camp des Annamitisants français, les adhésions furent, également, nombreuses ; quelques-unes, même, enthousiastes, à côté de sentiments — c'était, hélas, inévitable, et il ne faut pas s'y arrêter — qui ne furent pas toujours nobles, chez quelques-uns de ceux auprès de qui la création d'une telle association eût, au contraire, dû trouver l'appui le plus puissant.

Le quôc ngu est-il appelé à recevoir beaucoup d'aide de la part de la Bac Vàn Hôi, se demandait-on à Paris, dès janvier 1910 ?

Cela dépendra, fut-il répondu, de l'activité de son comité et de son président.

Les Annamites francisants du Tonkin s'étaient d'ailleurs posé la même question, dès le mois de novembre 1909, et l'un d'eux, qui écrit notre langue comme aucun de nous n'est capable de s'exprimer dans la sienne, disait textuellement ceci :

« La Société dite Bac Vàn Hôi, qui vient de se constituer « à Hanoï, *est appelée à jouer un rôle insoupçonné*, dans l'his- « toire du Protectorat français, *si l'intérêt qu'y prend une* « *partie du public français subsiste assez longtemps pour* « *consolider ses bases* — le temps qu'il faut à l'élite des deux « peuples, pour se rendre compte de tout le parti qu'on peut « tirer d'une institution de ce genre.

« Laissons de côté, poursuivait M. Nguyên Vàn Vinh, le « but essentiel de l'Association, pour ne nous occuper que de « celui qui se propose de nouer, entre Européens et Indigènes, « des relations de jour en jour plus amicales, de créer, entre « eux, des rapports plus fréquents et plus familiers.

« Pour apprécier à quel point la réalisation d'un pareil « projet est nécessaire, il faut savoir combien le Français, « notre gouvernant et notre protecteur, nous est étranger et « ignore qui nous sommes ».

Cet Annamite, hélas, nous avait bien jugés, en se montrant sceptique sur la durée de l'intérêt que semblait prendre une partie du public français à la création de la Bac Vàn Hôi, car cette Association est, depuis longtemps, comme morte.

Mais elle renaîtra sûrement quelque jour de ses cendres mêmes, et nous avons l'espoir que, tôt ou tard, c'est de son sein que finira par sortir une institution,*aux débuts de laquelle M. le Gouverneur général Sarraut, dont le cœur paraît si bien disposé à l'égard des indigènes, ne manquera certainement pas d'aider, si même il ne se décide pas à en faire prendre l'initiative par les Annamitisants de son entourage immédiat.*

Comme il s'honorerait, ce faisant ! Et comme il acquerrait, au delà de tout ce qu'il peut soupçonner, des titres à la reconnaissance des lettrés annamites, des Annamites francisants et des Français annamitisants, s'il voulait faire, en

Indochine, ce que le général Galliéni s'était empressé d'accomplir à Madagascar, dès les débuts de notre occupation de la grande île, au point de vue de l'unification et de la fixation des termes de la langue en usage dans le pays !

C'était là l'idée de Paul Bert, pour le Tonkin. Mais Paul Bert n'a pas vécu, et ce fut grand dommage.

L'Académie malgache existe depuis quelque quinze ans. L'Académie tonkinoise devait voir le jour en 1886, il y a de cela vingt-six ans. *Elle n'existe pas encore. Pourquoi, personne, en Indochine, ne prend-il l'initiative de sa création ?*

Il y a urgence et grand intérêt à le faire. Qui, là-bas, s'en occupera ? Les compétences ne manquent pourtant pas, tant du côté français que du côté indigène.

Le Résident supérieur au Tonkin, dans la circulaire que j'ai citée plus haut, déclare qu'il ne saurait être question de supprimer l'écriture chinoise, pour la remplacer par le quôc ngu.

« Toute transcription phonétique de la langue annamite, surtout sino-annamite, croyait-il pouvoir dire, laissera *toujours* à désirer et prêtera à confusion. M. Simoni donne de cela la raison que le nombre des sons annamites ou sino-annamites étant très restreint, il sera toujours difficile de les distinguer autrement que par l'emploi des caractères.

Or, c'est ce que je me permets de contester, en invoquant, à l'appui de ma réfutation, l'emploi que, justement, fera, de plus en plus, le quôc ngu, des mots doubles, qui donneront sa précision à la langue annamite.

« Dès qu'il s'agit de rendre des textes d'un style un peu soutenu, ou d'exprimer des idées abstraites ou générales, poursuit M. le Résident supérieur au Tonkin, le quôc ngu, en l'état actuel de la langue annamite, apparaît comme insuffisant et l'étude des caractères chinois *sera toujours* nécessaire au peuple annamite, pour lui permettre de ne pas perdre contact avec la littérature classique et avec la civilisation de la Chine, d'où lui viennent, en même temps que son organisation domestique, sociale et administrative, la plupart des coutumes et des traditions, des idées et des croyances, enfin les règles de conduite qui, pendant des siècles, ont constitué sa vie mentale et sa moralité ».

Oh ! que voilà de choses sur lesquelles il faudrait bien, pourtant, une bonne fois, s'expliquer ! Mais c'est toute une étude qu'il y faudrait consacrer et nous y reviendrons sans doute quelque jour.

Non ! M. le Résident supérieur, toute transcription phonétique de la langue annamite, surtout du sino-annamite, ne laissera *pas toujours* à désirer *et cette transcription ne prêtera plus à confusion, quand les lettrés annamites y auront, justement, fait passer, à l'aide du quôc ngu, les mots doubles, par lesquels ils désignent, en annamite, ou en sino-annamite, les choses qu'ils représentent en caractères.*

Et si nous ne pouvons pas, les Français, en trop humbles annamitisants que, du premier jusqu'au dernier nous sommes encore tous (sans qu'aujourd'hui je fasse une seule exception en défiant qui que ce soit de me contredire), *si nous ne pouvons pas*, à l'heure actuelle, exprimer, en annamite, toutes les idées abstraites qui se présentent à notre esprit, ou nous exprimer dans un style un peu relevé, c'est que nous sommes, tous, encore trop ignorants d'une langue qui est d'ailleurs — et cela justifie, en partie, le jugement que vous avez porté — en voie de transformation. Je ne m'élève d'ailleurs contre votre manière de penser, qu'en ce que vous posez, en principe, qu'il en sera, *toujours* ainsi, alors que cent preuves du contraire sont en train de se manifester.

Quant à la nécessité qu'il y aura, pour les Annamites, de continuer à se livrer à l'étude des caractères chinois, *pour ne pas perdre contact avec la littérature classique et avec la civilisation chinoise*, je pense que cette affirmation ne vaut pas plus que celle que nous avons entendue un moment dans notre propre pays, à propos de l'enseignement du latin et du grec. A un autre point de vue, je ne sache pas que nous devions mettre une ardeur toute particulière à maintenir le plus étroits possibles les liens par lesquels le Tonkin et l'Annam se rattachent à la Chine, au lieu de laisser faire le temps et se produire la naturelle évolution d'une langue, que son genre de formation tend à rendre polysyllabique, sous la poussée du développement du quôc ngu et des idées occidentales, tout comme il faut que se fasse l'évolution politique et économique du pays, sous la tutelle de la France.

On a beaucoup parlé de Jeunes-Algériens et de Jeunes-Tunisiens, en désignant, par là, une élite de jeunes gens, auxquels l'Europe et en particulier la France ont largement ouvert leurs écoles et leurs facultés.

Ces jeunes gens ont appris, auprès de nos maîtres les plus réputés, l'histoire de nos institutions, notre droit politique, notre droit civil, notre droit administratif. Ils ont étudié nos lois pénales et nos codes de procédure, nos sciences et nos arts, en s'imprégnant fortement de l'esprit d'analyse français et en vibrant d'enthousiasme, au contact de la générosité française.

Il en est absolument de même de ceux que j'appellerai

les *Jeunes-Annamites*, auxquels nos facultés et nos grandes écoles auront remis demain ou ont déjà délivré hier, diplômes et certificats.

Il y a, parmi ces jeunes gens, toute une élite intellectuelle, qui étudie le droit, la médecine, l'agriculture, les arts industriels. Sachons gagner sa confiance et son cœur, en nous disant que nous ne devons pas trouver d'auxiliaires plus dévoués à la cause franco-indochinoise que ses représentants.

Et surtout, gardons-nous de brider l'insatiable désir d'apprendre de ceux qui veulent, à leurs frais, venir d'Indochine en France, pour y parfaire leurs études. Nous pourrions, en efiet, les inciter à prendre le chemin de l'Empire du Soleil-Levant.

Ne va-t-il pas être, à présent, d'un suprême intérêt, pour mes auditeurs, d'apprendre directement, d'un des plus grands lettrés actuels du pays d'Annam, ce qu'il pense lui-même du quôc ngu, comme aussi ce qu'il estime que ses compatriotes doivent en penser ?

Quelle surprise, pour moi, l'autre jour, et quelle profonde satisfaction, à voir un lettré de cette importance, se faire le protagoniste enthousiaste du quôc ngu, lui qui n'avait guère pratiqué, jusqu'ici, que les caractères chinois !

Ceux-là seuls qui savent les efforts que, depuis si longtemps, je tente, en faveur de ce mode de transcription de la langue annamite, pourront comprendre le sentiment de légitime fierté que j'ai éprouvé à traduire le texte suivant des paroles que le lettré Phan Châu Trinh a fait entendre, naguère, à ses compatriotes, au sujet du quôc ngu, ce que je n'ai appris qu'après avoir écrit la partie de ma conférence que vous venez d'entendre.

Ceux que ces questions intéressent comprendront-ils le parti merveilleux qu'on peut tirer de la diffusion complète de ce mode de transcription de la langue annamite, dans les rangs de tous ceux que l'exercice de leurs fonctions met en contact avec les indigènes ?

Que si, par aventure, on voulait *me répondre que les journaux du Tonkin sont aujourd'hui remplis de noms de fonctionnaires et de militaires de tous grades ayant subi avec succès l'examen du premier et même du second degré de langue annamite*, je répondrais que c'est là un sujet qui nous entraînerait trop loin et dont nous parlerons en détail une autre fois. Ce qui s'affirme, c'est qu'il est de toute nécessité que nous apprenions à fond la langue de nos protégés et que nous donnions à l'enseignement du quôc ngu, tant en France qu'en Indochine, parmi les Français intéressés à le connaître, une importance au moins égale à celle que les Annamites sont les premiers à lui accorder. Avides d'instruction (c'est encore à dessein que je le répète), ces derniers veulent travailler à la vulgarisation, dans leur propre pays, des connaissances scientifiques et littéraires qu'ils estiment leur être utiles.

Faire des livres en quôc ngu, ou traduire, en quôc ngu, ceux qui existent déjà, dans les branches qui les attirent, voilà le but qu'ils se proposent. Aucune force humaine ne me paraît capable d'enrayer ce mouvement de leurs esprits.

Ne croit-on pas, dès lors, qu'il serait d'excellente politique de chercher à bien diriger ce mouvement, au lieu de donner aux Annamites le sentiment qu'on entend l'enrayer, en limitant l'instruction qu'on veut leur dispenser, aux connaissances nécessaires pour remplir des fonctions de contremaîtres et de surveillants, ou pour tenir des emplois exclusivement subalternes, sans initiative et sans autorité ?

Cette question est d'une haute gravité, devant le flot montant des jeunes gens auxquels nous avons donné, gratuitement, ou qui ont acquis, grâce à l'effort financier de leurs familles, l'instruction secondaire ou supérieure de nos lycées et de nos facultés. Mais j'ai maintenant hâte d'aborder la partie que tout le monde considérera sûrement comme la plus intéressante du sujet que je me suis proposé de traiter.

***

A ne regarder que notre tradition historique, dit le lettré Phan Chau Trinh, notre pays aurait été fondé depuis plus de 4.000 ans, mais les livres dans lesquels on trouve cette affirmation ne remontent qu'à 2.000 ans.

Avant cette dernière époque, c'est-à-dire entre le gouvernement de Triêu Dà (1) et le règne de Hông Lac (2), il n'existait pas encore chez nous de caractères chinois.

Et cependant l'histoire des origines de notre nation nous est parvenue. Cela implique la certitude que nous avons dû posséder, autrefois, nous aussi, des caractères d'écriture spéciaux, pour noter les annales de notre pays.

Ces annales furent traduites en caractères chinois, et nous abandonnâmes nos caractères nationaux. C'est là chose certaine. S'il n'en était pas ainsi, comment connaîtrions-nous des faits qui remontent aux époques les plus reculées ?

Un grand nombre de personnes pensent que, dans notre

---

(1) Triêu Dà est le nom du premier gouverneur chinois envoyé par la Chine pour gouverner notre pays l'an 2000 de notre ère.

(2) Hông Lac est le nom du premier roi d'Annam, an 2000 de notre ère.

pays, les annales officielles ne remontent qu'au règne de Trân Thai Tôn, il y a de cela 700 ans, et disent que, dans les annales, il n'est pas question de faits antérieurs au règne de Triêu Dà. Etant donné ce qui précède, comment se produisit l'abandon de nos propres caractères d'écriture ?

A mon avis, voici : Depuis l'époque où, sous la dynastie des Thân, Thùy Hoàng s'empara de notre pays et l'incorpora à la Chine, jusqu'à la dynastie des Han, les Chinois importèrent, chez nous, leurs caractères d'écriture, en vue de nous instruire.

Nos propres caractères d'écriture étaient certainement encore, à cette époque, à l'état rudimentaire.

Les Chinois ne voulurent pas les apprendre et, pour la commodité de leurs affaires, ils nous forcèrent à étudier les leurs.

Il en fut ainsi parce qu'en général, quand un pays puissant vient occuper un pays faible, la langue du pays conquérant, quoi qu'il arrive, acquiert de plus en plus de prestige, au détriment de la langue du pays conquis.

Ceux qui apprennent la langue du vainqueur y gagnent honneurs, profit, pouvoir et considération.

C'est pourquoi, au fur et à mesure que nos compatriotes se familiarisaient avec la connaissance des caractères chinois, la diffusion de ces derniers s'étendait de jour en jour, alors que se raréfiait, de plus en plus, l'usage de nos propres caractères d'écriture qui, à la fin, furent entièrement abandonnés. Il n'en subsista de traces que dans le seul langage.

Quand la perte de nos propres caractères d'écriture eut été consommée, les caractères chinois les remplacèrent et, dans les relations officielles, tout le monde les employa.

En ce qui concerne les relations courantes, toutefois, entre les habitants du pays, notre langage eut cours partout.

Il en fut ainsi d'après une loi naturelle qui veut que lorsqu'un peuple a déjà une langue à sa disposition, pour l'expression de ses sentiments et de ses idées, aussi longtemps qu'il n'a pas été exterminé, cette langue subsiste, de quelque façon qu'on s'y prenne, sans qu'elle puisse disparaître entièrement.

C'est ce qui fit qu'au fur et à mesure que nous nous familiarisions avec la connaissance des caractères chinois, notre propre langage ne progressait pas moins.

Il n'y avait à cela qu'un défaut, c'est que, malgré l'importance, de plus en plus grande, que prenait le parler de notre pays, il ne comportait pas de représentation écrite, et ne se traduisait pas en œuvres littéraires.

Sous le règne de Triêu Trân, un certain Nguyên Thuyên inventa une représentation écrite des caractères phonétiques propres à l'Annam, appelés « chu nôm », expression qu'il faut traduire par « caractères nôm », ou spéciaux à l'Annam, par opposition aux « chû nho » ou caractères chinois.

Nguyên Thuyên emprunta des caractères phonétiques aux caractères chinois et y ajouta des caractères de sa propre invention.

Ce n'est que depuis cette époque que la poésie de notre pays fut transcrite.

Ce n'était là qu'un emprunt fait, pour la représentation de notre langage, à la forme de certains caractères, et cela fut pour lui comme une résurrection.

Mais on n'appréciait, hélas, à cette époque, que les caractères chinois et personne n'apporta d'aide à Nguyên Thuyên, pour l'amélioration et la conservation des caractères qu'il avait inventés.

Il s'ensuivit que chacun écrivit notre langue à sa façon, si bien que celui seul qui avait écrit quelque chose était à même de lire ce qu'il avait écrit.

On ne fit rien, pour fixer les règles de cette écriture et un dicton eut cours, d'après lequel on disait de « *l'écriture nôm* » qu'elle était la mère de la confusion.

Et voilà comment il se fit que les gens de chez nous, laissant passer une occasion si favorable, s'ancrèrent, de plus en plus, dans l'ignorance. Ce fut, de leur part, une grande faute.

Heureusement qu'il y a trois siècles, des missionnaires catholiques débarqués dans notre pays se servirent des lettres de l'alphabet romain, pour inventer le quôc ngu.

Il n'y a, dans cet alphabet, que 29 lettres et cinq signes d'intonation (1).

Veut-on écrire un mot quelconque, on le peut avec précision, outre que le quôc ngu est d'une acquisition extrêmement rapide. L'esprit s'arrête-t-il à une idée, les lèvres émettent-elles un son, la plume peut les rendre.

Ce n'est là autre chose qu'une résurrection nouvelle de notre langue, mais une résurrection splendide, deux fois plus belle que celle tentée par Nguyên Thuyên.

Le Ciel a donc eu pitié de notre humble et ignorante race, pour inspirer à ces missionnaires de nous venir ainsi en aide, dans une chose d'une telle importance pour nous, en ce

(1) Sur ces 29 lettres, il y a lieu de considérer que M. Phan Châu Trinh compte comme lettres séparées a, â et ă, ainsi que o, ô et o', ainsi que u et u', cela, d'ailleurs, avec raison.

monde, que rien, d'aussi précieux que ce soit, ne peut lui être comparé.

On nous a, en effet, donné là le moyen d'ouvrir nos intelligences et de joindre notre voix au concert universel.

Mais, de nouveau, hélas, voici que nos compatriotes ne cessent d'être comme ivres de caractères chinois, si bien que, gratifiés d'un immense bienfait, nous ne savons pas nous en servir, ce qui est, de notre part, une nouvelle et grande faute.

Voilà comment il se fait que, jusqu'à ce jour, notre langue est restée obscure, notre littérature insuffisante et comment il se fait que l'une et l'autre ne sont pas encore dignes de la civilisation du monde.

Demandons-nous, mes amis, à constater un tel état de choses, à qui en incombe la responsabilité.

Ceux de chez nous doivent savoir comment il se fait que les autres pays possèdent une littérature.

D'après ce que je viens de dire, je suis certain qu'il en est, parmi eux, qui répondent : Eh bien ! c'est entendu, là : autrefois nous étions sots ; nous voici, maintenant, devenus des gens avisés. Le quôc ngu constitue un mode d'écriture dont il faut que nous nous servions ; qu'est-il besoin d'aller chercher, à ce sujet, des considérations qui n'en finissent plus ?

Et moi de constater qu'à l'heure actuelle, dans notre pays, les uns sont enthousiastes et avides de l'étude du français, les autres enthousiastes et avides de l'étude des caractères chinois.

Beaucoup, parmi eux sont, certes, très forts. Mais si l'on demande à l'un d'eux en quoi il est fort, à supposer qu'il ne vous réponde pas que c'est en français, il vous répondra que c'est en caractères chinois, sans qu'aucun d'eux puisse répondre qu'il est fort en annamite, c'est-à-dire dans notre propre langue.

Réfléchissons, mes amis ! Qu'est-ce que la littérature chinoise ? Qu'est-ce que la littérature française ?

Je pense que ce n'est là, autre chose que le résultat de la traduction du langage par l'écriture.

On a fait des dictionnaires, on a établi des règles de grammaire, afin de donner de l'harmonie à la langue et de la vivacité au style.

Des auteurs ont écrit sur la philosophie et sur la morale, ils ont formulé, dans des textes, les lois de leur pays ; ils ont décrit les arts industriels, sondé les diverses branches des sciences, les coutumes de leur pays et son histoire nationale, en exprimant dans leur langue tout ce qu'ils ont pu rassembler, depuis l'antiquité jusqu'à ce jour.

Quiconque, parmi eux, a réfléchi à quelque chose de sage ou d'étrange, a pu le consigner, et l'on a ainsi amassé de plus en plus de connaissances.

Les enfants nés dans le pays entendent déjà, quand ils sont tout petits, les grandes personnes s'exprimer avec clarté, d'après des règles fixes, et, devenus grands, leur esprit se trouve comme imprégné de tout ce qu'ils ont entendu.

Ils entrent, alors, à l'école, pour s'instruire, et voient écrit ce qu'ils entendent dire.

L'un d'eux possède-t-il une intelligence supérieure, il étendra ses connaissances et retiendra beaucoup de choses, en en trouvant la raison dans les livres de ses devanciers.

La langue possède des règles déterminées ; les ouvrages qu'on écrit sont profonds et pleins de sagesse.

S'exprimer d'une façon correcte et bien conaître le sens des mots de sa propre langue, voilà ce qui peut s'appeler être lettré.

Hélas, des livres, nous n'en avons pas, et notre langue est confuse !

Beaucoup des nôtres étudient avec assiduité pendant cinq ou dix ans et arrivent à être vraiment forts. Ils connaissent à fond les choses des pays étrangers ; mais en ce qui concerne les coutumes, les métiers, les industries, l'histoire de leur propre pays, ils restent imprécis comme des devins.

Même à propos des choses ordinaires de la vie, que tout le monde connaît, ils n'ont pas assez de mots annamites, dans leur vocabulaire, pour pouvoir en parler.

J'ai constaté que sur cent personnes ayant appris les caractères chinois, il s'en trouvait à peine quelques-unes qui eussent à leur disposition assez de mots pour exprimer leur pensée, quand elles avaient à raconter quelque chose, outre que, s'il leur arrivait de se trouver en face d'une phrase d'une explication difficile et d'un sens profond, elles se bornaient à décharger devant vous, en fait de commentaires, tout un stock de caractères chinois, auxquels personne ne comprenait rien.

Quant à ceux qui ont appris le français, ils ont, certes, acquis des connaissances utiles ; mais vient-il un moment où quelqu'un leur demande des explications, en annamite, sur ce qu'ils ont appris, ils restent courts et finissent par dire qu'ils n'ont pas assez de mots annamites à leur disposition, pour faire comprendre les explications qu'ils pourraient fournir.

Il en est même qui, ayant étudié le français pendant cinq ou dix ans, ont oublié, lorsqu'ils retournent en Annam, jusqu'aux noms et jusqu'à l'usage des choses, en sorte qu'ils en savent, à cet égard, encore moins que de simples ignorants de leur village, qui ont, à leur disposition, plus de mots qu'eux, pour exprimer leurs idées et leurs sentiments dans leur langue maternelle.

Cela n'empêche d'ailleurs pas les parents et les voisins de chanter les louanges de ces jeunes gens, en trouvant que c'est leur assiduité à l'étude qui les a conduits à l'oubli de leur propre langue.

C'est assez parlé d'ailleurs de ceux qui sont sortis de leur pays, pour aller à l'étranger apprendre le français dès leur plus tendre enfance.

Regardons à messieurs les lettrés de notre pays, qui sont toujours restés chez eux et qui, malgré cela, ne connaissent ni les noms des céréales, ni les noms des fruits, des tubercules, des légumes ou des poissons qu'ils mangent.

Parents et voisins ne les louent pas moins de leur désir de s'instruire des choses de la littérature chinoise, alors que ces jeunes gens n'éprouvent pas le besoin de connaître les noms des choses usuelles de la vie.

C'est à considérer un tel état de choses qu'on ne peut certes pas dire encore que notre enseignement soit brillant.

En résumé, nous sommes très versés dans la connaissance de la littérature des autres pays, c'est là une affaire entendue ; mais pour ce qui regarde notre propre langue, nous sommes encore tous des ignorants.

Oh ! Malheur ! Dire que nous sommes des millions d'Annamites sur lesquels il n'en est pas un seul qui soit versé à fond dans la langue de son pays !

Et nous voudrions relever la tête à l'égard des autres !

Cela m'amène à me demander ce qui doit, dès lors, faire l'objet de nos préoccupations.

***

Il nous convient de nous unir, en vue de réformer notre littérature.

Aussi bien, mes amis, faut-il, dès lors, que ceux de nous qui apprennent le français et que ceux de nous qui apprennent les caractères chinois unissent leurs efforts, en vue d'opérer la réforme et la vulgarisation de ce qui concerne l'enseignement.

Et avant toutes choses, efforçons-nous de faire un dictionnaire, en rassemblant tous les mots de notre pays, en procédant de façon telle, que nous disions comment tel objet qui, dans tel lieu, se nomme ainsi, dans tel autre endroit, se nomme autrement ; comment, aussi, l'expression ici, de telle ou telle idée, est rendue, là, par des mots différents.

Nous rassemblerons toutes ces indications dans un ouvrage annoté clairement et si, à propos d'un mot, un vide se présente, nous le comblerons, aussitôt, soit à l'aide des caractères chinois, soit à l'aide du français, afin que, dans notre pays, tout le monde apprenne et comprenne notre langue.

Nous ferons une grammaire, en choisissant, pour parler et pour écrire, les façons les plus distinguées de s'exprimer, avec des règles précises, que nous y consignerons, afin que tout le monde y puisse avoir recours, en les tenant pour des modèles du langage et du style.

Que ceux d'entre nous, mes amis, qui ont appris le français et les caractères chinois, d'une façon approfondie, traduisent, en quôc ngu, les livres intéressants et utiles qu'ils ont étudiés, depuis les livres de morale, d'arts industriels et les livres des diverses branches scientifiques, jusqu'aux livres d'hygiène et d'histoire, jusqu'aux romans.

Au début, il y en aura peu ; mais, dans la suite, le nombre s'en accroîtra ; au commencement ce sera mal ; mais dans la suite ce sera bien, chacun agissant selon ses moyens.

Quant à ceux qui, forts en français et en caractères chinois, sont encore peu avancés dans la connaissance de leur propre langue, qu'ils s'efforcent d'acquérir cette connaissance auprès de plus instruits qu'eux, afin de pouvoir faire, à leur tour, œuvre utile.

Si nous faisons cela, notre littérature ne tardera pas à se transformer.

Et pourquoi, après tout, n'arriverait-elle pas à égaler celle des autres pays ?

D'aucuns disent que notre langue est pauvre et que s'il s'agit de traduire quelque chose en quôc ngu, il ne peut être question que de récits et de faits amusants.

Pour ce qui est de la littérature, ajoutent-ils, où pourrait-on trouver quoi que ce soit d'intéressant ?

A cela je réponds que, de tout temps, dans le monde, et dans toute langue, on a trouvé une façon de s'exprimer, dans un style relevé, que l'usage est, chaque jour, allé, en perfectionnant.

A fortiori, doit-il en être ainsi, pour notre pays, qui se trouve placé, à cet égard, dans des circonstances plus particulièrement favorables que n'importe quel autre.

Pourquoi cela ?

C'est parce qu'il y a, de par le monde, deux littératures

supérieures, savoir : la littérature extrême orientale, pour laquelle *la Chine* occupe le premier rang, et la littérature occidentale, à la tête de laquelle se trouve également *la France*.

C'est là un état de choses que tout le monde peut constater, et ma manière de penser, à cet égard, n'a rien d'original.

Or, notre pays s'est adonné, depuis les temps les plus reculés, à la littérature chinoise, et les diverses formes poétiques de cette littérature, dont nous nous sommes pénétrés à fond, nous les avons déjà transcrites en quôc ngu.

A l'heure actuelle, nous apprenons, en outre, le français, dont la littérature harmonieuse et élevée nous est le meilleur des modèles.

Nous avons donc, en littérature, les deux premiers maîtres du monde. Il y a là un double état de choses dont nous devons bénéficier et si nous avons quelque intelligence et quelque perspicacité, c'est de ces deux littératures là que s'inspirera la nôtre.

Et si nous ne pouvons avoir la prétention d'arriver à égaler nos maîtres, il sera bien difficile que nous restions inférieurs aux autres pays.

Quels avantages, cela dit, retirerons-nous du quôc ngu ?

*
* *

Si dans le pays d'Annam, désormais, tous ceux qui étudient les caractères et le français unissent leurs efforts, en vue de développer le quôc ngu, comme je viens de l'expliquer, il en résultera de nombreux avantages.

Lois et règlements seront exprimés en quôc ngu, avec des annotations claires. Les jugements, les actes de vente, les pétitions, seront rédigés en quôc ngu ; les femmes et les enfants auront la faculté d'apprendre à lire. Ce sera là un avantage essentiel.

Il nous sera possible de prendre connaissance des annales et de l'histoire de la civilisation des pays étrangers, sans avoir l'obligation d'apprendre la langue de ces pays.

A fortiori pourrons-nous étudier notre propre histoire.

Un jour viendra, j'en suis certain, où l'on verra, chez nous, dans des livres écrits en quôc ngu, tout ce qui se rapporte aux choses de l'enseignement, depuis l'enseignement primaire, l'enseignement élémentaire et l'enseignement secondaire, jusqu'à l'enseignement supérieur.

Et quand nous aurons conquis nos diplômes, nous ne le céderons en rien aux autres, outre que nous aurons acquis une chose excellente : nous nous serons instruits dans notre propre langue.

Tout cela est encore loin ; mais le profit immédiat que

nous en retirerons, c'est que dans cinq ou dix ans d'ici, même les femmes et les jeunes filles seront capables de produire des œuvres littéraires, des romans, des relations de voyage, comme elles pourront donner leurs impressions personnelles se rapportant à toutes les choses de l'esprit que les femmes des autres pays expriment dans leur langue.

Et s'il en est ainsi d'elles, que dire alors de nos propres hommes de lettres ?

Pour finir, mes amis, n'hésitez donc plus, maintenant, à vous adonner avec affection et respect au quôc ngu, que vous devez considérer comme l'âme même de notre pays.

Pensez au quôc ngu, dis-je, dès lors, à ceux que leur tournure d'esprit dispose à la réflexion.

Discutez du quôc ngu, dis-je, à ceux qui ont le goût de la discussion.

Produisez des œuvres littéraires en quôc ngu, dis-je, à ceux qui sont versés dans l'art de la poésie, comme je dis d'écrire des ouvrages scientifiques en quôc ngu à ceux qui sont versés dans les sciences, comme je dis d'apporter son aide et ses efforts au quôc ngu à quiconque a des yeux, des oreilles, un cœur et des entrailles.

Et ne répétez pas, pour ne rien faire, que notre quôc ngu est insuffisant, que notre littérature est arriérée !

Tandis que vous portez aux nues les littératures étrangères, n'avilissez plus la nôtre.

Je ne me suis jamais dissimulé la difficulté qu'il y avait, à l'origine, à entreprendre une telle tâche ; mais il nous faut commencer, pour que ceux qui viendront après nous continuent.

Que si nous prenons prétexte des difficultés rencontrées, pour ne rien faire, alors, quand notre pays aura-t-il une littérature ?

C'est ainsi, qu'à l'origine, les hommes habitaient dans des grottes, sans vêtements, en se nourrissant de fruits et de viande crue.

S'il n'y avait pas eu de précurseurs, pour s'occuper de l'édification des maisons, de la confection des vêtements, de la culture des terres, de la cuisson des aliments, comment le progrès se serait-il réalisé ?

Cela a-t-il été tenu pour difficile par nos ancêtres ?

C'est en travaillant de tout leur cœur et de toutes leurs forces qu'ils sont arrivés à créer ce qui leur était nécessaire.

A plus forte raison en doit-il être ainsi pour nous, qui vivons à l'époque actuelle, et qui avons, pour nous servir d'exemples, les pays civilisés.

Si, en présence d'un tel état de choses, nous faisons preuve de négligence, si nous avons peur des difficultés, quand pourrons-nous faire figure dans le monde ?

C'est pour cela que, depuis plusieurs années, dans tout notre pays, depuis les villes jusqu'aux campagnes, tant de gens apprennent le quôc ngu.

C'est pour cela que tant de gens conviennent de son importance et lui apportent leur concours, pour lui concilier la faveur de nos compatriotes.

Mais beaucoup, parmi les nôtres, n'ont pas encore compris qu'il s'agit là d'une question d'une importance capitale, d'un très grand intérêt national.

Ils veulent encore s'en tenir aux caractères chinois, afin de remplacer notre langue par ces derniers.

C'est sous l'empire de ces idées qu'ils s'abstiennent de joindre aux nôtres leurs propres efforts ; mais c'est également pour cela que j'ai fait cette conférence, afin de montrer clairement à mes compatriotes les avantages du quôc ngu. »

*
* *

Tels sont, mesdames et messieurs, sur la question si importante dont j'ai eu l'honneur de vous entretenir, ce soir, les sentiments des Annamites eux-mêmes.

Trouverez-vous, dès lors, que j'exagérais, tout à l'heure, au début de cette conférence, en qualifiant de formidable l'évolution qui se produit en Indochine, au point de vue de la fixation et de la transcription, en caractères romains, de la langue annamite ?

Et puisque je vous ai, si longuement, parlé, à ce sujet, des idées d'un homme dont tous ceux qui me connaissent me savent l'ami dévoué, je suis certain de vous faire plaisir en vous contant, à propos de son fils, un trait exquis, que m'a appris, ces jours derniers, le sympathique directeur de l'Ecole municipale du boulevard Montparnasse.

Le jeune Phan Châu Dat est entré, en octobre dernier, dans la première division de la 6e classe de cette école, en s'y classant, du premier jour, le premier.

Ce qui est mieux encore, c'est que pendant toute l'année scolaire qui va finir, il a jalousement conservé cette place, dans toutes les matières qui lui ont été enseignées.

C'est, à son sujet, dans cette école, un concert de louanges, tant de la part de ses petits compagnons de classe que de la part de tous ses maîtres.

Agé de onze ans et demi, sa conduite est exemplaire, son assiduité remarquable et l'on voit très bien que son Directeur, qui ne tarit pas d'éloges sur sa politesse, est vraiment fier de lui.

« Si on nous laisse cet enfant, me disait-il encore il y a quelques jours, nous en ferons à coup sûr quelque chose, outre que nous allons lui faire sauter deux classes, tellement ses progrès se sont accentués ».

Mais cela n'est point tout. Comme noyé parmi ses petits camarades français, le fils du lettré Phan Châu Trinh s'est, à ce point, fait aimer de ses condisciples, qu'au premier tour de scrutin des élèves, qui avaient à voter, l'autre jour, au nombre d'une trentaine, pour l'attribution « du prix de camaraderie ou prix du 14 juillet », il a, du premier coup, obtenu 23 suffrages.

C'est donc lui qui obtint le prix de camaraderie de sa classe.

N'est-ce pas là, par voie de déduction, un indice certain des sentiments de cet enfant, à l'égard de ses petits camarades, pour qu'il soit arrivé à se faire ainsi aimer d'eux ?

Et ne pense-t-on pas, dès lors, qu'il soit permis de discerner, à travers une telle et si simple manifestation d'écoliers, comme un gage certain des sentiments inculqués par le père à son fils à l'égard des Français ?

Aveugles, dis-je, ceux qui ne voient pas que c'est par des procédés de ce genre, en plongeant les indigènes de nos colonies que nous voulons instruire, dans des milieux complètement français, qu'on pourra, en quelque sorte, greffer une mentalité française sur la leur, en leur communiquant quelque chose des qualités de notre race, à laquelle ceux qui ne la connaissent pas ne voudraient voir que des défauts.

Nos petits Français d'aujourd'hui ne sont pas des dégénérés, et je suis de ceux qui pensent qu'ils vaudront sans doute mieux que nous.

Bravo ! petits écoliers parisiens de l'Ecole municipale du boulevard Montparnasse !

L'acte que, librement et spontanément, vous venez d'accomplir, en proclamant que celui d'entre vous que vous considériez comme le plus digne du prix de camaraderie du 14 juillet était un petit Annamite, est tout à votre louange, comme il est à la louange des maîtres dévoués qui vous instruisent et de votre dévoué Directeur.

C'est maintenant, mesdames et messieurs, à mon tour de conclure.

Je le ferai, en répétant avec un publiciste, M. Espé de Metz, que je n'ai pas encore l'honneur de connaître, mais dont un article récent m'a vivement impressionné : qu'il s'est créé en Indochine, comme, du reste, en Algérie et ailleurs, toute une élite qui, profondément imprégnée, aujourd'hui, de culture française, exerce, autour d'elle, dans les pays où elle s'est formée, une influence telle, que l'on *ne voit pas poindre*, mais *approcher*, *à grande allure*, cette ère de la vie des colonies, où la force ne pourrait rien contre l'intelligence organisée et qu'il y va des intérêts coloniaux les plus sacrés de notre pays, que la France fasse appel à tout ce que sa beauté, sa séduction d'enjôleuse de peuples et de semeuse d'idées généreuses lui valent de force attractive, à l'égard des indigènes de ses possessions d'outre-mer, pour les guider dans la voie du progrès, à la lumière de son enseignement et se les attacher à jamais par la force de son amour.

J'exprimerai, mesdames et messieurs, tout ce que mon cœur de Français profondément amoureux des choses d'Indochine, éprouve pour ce beau pays, malgré que l'un de mes cinq enfants y dorme son dernier sommeil, en vous demandant la permission de clore cette conférence par ce cri de ralliement des bonnes volontés franco-indochinoises :

Pour l'Indochine, par le quôc ngu, sous la bienfaisante et libérale égide de la France!

Capitaine Jules ROUX.

6 juillet 1912.

Thouars, Imprimerie Nouvelle

www.ingramcontent.com/pod-product-compliance
Ingram Content Group UK Ltd.
Pitfield, Milton Keynes, MK11 3LW, UK
UKHW022008260726
13994UKWH00004B/1987